SV

Peter Handke
Abschied des Träumers vom Neunten Land

Eine Wirklichkeit, die vergangen ist:
Erinnerung an Slowenien

Suhrkamp Verlag

Eine gekürzte Fassung dieses Textes erschien
zuerst in der Süddeutschen Zeitung.
Die Abbildungen dieses Bandes sind den Notizbüchern
des Autors entnommen.

Zweite Auflage 1991
© Suhrkamp Verlag Frankfurt am Main 1991
Alle Rechte vorbehalten
Druck: Nomos Verlagsgesellschaft, Baden-Baden
Printed in Germany

Abschied des Träumers
vom Neunten Land

Es sind vielerlei Gründe genannt worden für einen eigenen, regelrechten Staat mit Namen »Republik Slowenien«. Damit diese Gründe mir aber im einzelnen denkbar, oder faßbar, oder eingängig würden, müßte ich sie erst einmal sehen; das Hauptwort »Grund« kann, für mich jedenfalls, nur bestehen zusammen mit dem Zeitwort »sehen«. Und ich sehe keinen Grund, keinen einzigen – nicht einmal den sogenannten »großserbischen Panzerkommunismus« – für den Staat Slowenien; nichts als eine vollendete Tatsache. Und ebenso sehe ich nicht die Gründe für einen »Staat Kroatien«. Diese andere Tatsache freilich geht mich weniger an (doch nicht einmal dessen bin ich mir sicher). Das Land Slowenien und die zwei Millionen Köpfe des slowenischen Volks hingegen betrachte ich als eine der wenigen Sachen, welche bei mir zusammengehören mit dem Beiwort »mein«; Sache nicht meines Besitzes, sondern meines Lebens.

Damit spiele ich mich keineswegs als »Slowene« auf. Zwar bin ich in einem Kärntner Dorf geboren, wo seinerzeit, im Zweiten

Die täglichen Scherben (gegebenfalls das tägliche Scherbengeräusch)
Der Himmel zwischen den verschiedenen Stimmen einer dicken Buche
"Hafer"
am anderen Ufer des Sees aufspr... treu als von
Wasser, wo Kinder an einer Rutsche spielen
der sich nähernde Regen, der einen
Hügebücken nach dem anderen verschwinden
löscht; von der Oberfläche des Seewassers
denken, wie von einer Anlaufbahn
(jetzt ist der See auch leer-
geworden nur starkes Wind
flimmern) Einen fremden
Raum aushalten,
unbeweglich
Eine Buche, die sich
R. gart ins Seewasser
Korn kniet. toter Fisch zwischen Seerosen
Das Pfarrhaus; der Pfarrgarten; die Frau neben dem
Kopftuch im Pfarrgarten, Salat setzend; das blinde
Fenster am Pfarrhaus
"milosti polna" voll der Gnade; betende Weiber,
und quietschende Fabrikstüren
"Wer erwartet noch etwas von mir?" "Sveta
Marija" — "Zdrava Marija" (Gegrüßet!)
Goldene Verlegenscheine leuchten in der düsteren
Kirche; am Spätnachmittag die nördlichen Berge
wieder, Oktober, mit Schnee jetzt. "moji ba..."
Margeriten und Asparagus; von Pfeilern häng-
end, vor dem Altar ein kleines Mädchen
mit sehr langen Zöpfen; "Wo ist meine Mutter
in jedem meiner Glieder; jetzt hier?"

Weltkrieg, noch die Mehrheit, nein, die Gesamtheit österreichisch-slowenisch war und auch in der entsprechenden Mundart miteinander verkehrte, und meine Mutter sah sich, beeinflußt vor allem durch den ältesten Bruder, der, jenseits der Grenze, im jugoslawisch-slowenischen Maribor den Obstbau studierte, in ihrer Mädchenzeit als eine aus jenem Volk (später, nach dem Krieg, nur noch unter anderm); aber mein Vater war ein deutscher Soldat, und Deutsch ist meine Sprache geworden, durch die erste Kindheit in Ost-Berlin und, auf andre Weise, durch die anschließende, in dem »mit der Zeit« mehr und mehr verschwindenden und verklingenden alten Slowenendorf, das selbst die Bewohner endlich nur noch zum Spaß »Stara Vas« hießen; dem Kind aus der deutschen Großstadt waren die slawischen Urlaute ein Greuel in den Ohren, es fuhr bei Gelegenheit sogar der eigenen Mutter deswegen über den Mund, gerade ihr.

Im Lauf der Jahre, vor allem wohl, indem ich Bilder bekam, *erzählt* bekam von den slo-

Litanie Imena Jezus:

Gospod, usmili 126. se. Kristus, usmili se. J. u. s. Jezus, sliši nas. J. usliši nas. — Bog Oče nebeški — usmili se nas. Bog Sin Odrešenik sveta, Bog Sveti Duh, Sveta Trojica, en sam Bog

Herz Jesu—L: ... Srce Jezusovo, v katerem so vsi zakladi modrosti in vednosti / S. J., nad v katerim živa vsa polnost božanstva S. J., nad katerim ima Oče posebno veselje / S. J. iz čigar polnosti smo vsi prejeli L. Matere Božje: Sveta Marija, prosi za nas. .. Devica častitljiva, D. hvalevredna / Devica mogočna / L. vseh svetnikov: Sv. Mihael, Sv. Gabrijel, Sv. Rafael — Vsi sveti angeli in nadangeli — prosite za nas ... Vsi sveti apostoli in evangelisti, Vsi sveti mašniki in leviti, Vsi sveti menihi in puščavniki .. Vse svete device in vdove — Večne smrti — reši nas, o Gospod, ar Po skrivnosti svojega svetega učlovečenja: ...
Und grinsend kommen die Brüder in ihren Turn- schuhen aus dem Beichtstuhl und gehen ihre Buße beten (oder nicht), während die dunkelbraue Kömme die Reihen der übrigen flüsternd und zischelnd abgeht; sportliches Aus-dem-Bs.—

wenischen Vorfahren, wurde das anders, wie es natürlich ist (oder natürlich sein sollte). Ein »Slowene« jedoch wurde ich nie, nicht einmal, obwohl ich die Sprache inzwischen halbwegs lesen kann, ein »halber«; wenn ich mich heutzutage in so etwas wie einem Volk sehe, dann in jenem der Niemande – was zeitweilig heilsam sein kann, zeitweise heillos ist (in den Momenten, da ich mir selbst die Zusammengehörigkeit der über den Erdball streuenden Niemande nicht mehr einbilden kann).
Und trotzdem habe ich mich in meinem Leben nirgends auf der Welt als Fremder so zu Hause gefühlt wie in dem Land Slowenien. Lange Jahre ging es mir dort so, über ein Vierteljahrhundert, bis ich schon glaubte, auf diese Sache sei einmal Verlaß, und an den dortigen Orten gebe es in der Tat, anders als den trügerischen der Kindheit, aus der ich und du uns entgegen dem romantischen Gerücht mir nichts dir nichts vertrieben sahen, so etwas wie eine Dauer.
Zu Hause in Slowenien, Jugoslawien? In der Wirklichkeit. Es war das genaue Gegenteil

Raum: "Auf einer Brückenwaage" (daneben Holzhaus; die W. ist überdacht (nicht mehr in Gebrauch?)
In der G. Strohbesen als Klosettbürste, Spiegel, der verzerrt.
Ausgestopfter Rehbock mit Gras (-Heu) im Maul
Die gemütliche Haltung des verdrückten Frackes (ein Bein übers andre geschlagen)
Plastiksack, der schwer von einem Baum hängt, vom vielen Regen prall gefüllt
Gehen an den blauen Wegblumen vorbei: Erlebnis von FAHRT (völlig stiller, majestätisch-festlicher)
Selbst der Rock scheint beim Anziehen Gewittergeräusche zu machen (schwer von Stoff)
Ein ehemaliges Bachbett steil hinauf, das jetzt mit Steinen gefüllt ist, z.T. mit gestürzten Bäumen versperrt   Triglav
Bei der Alph.: Bett, das auf Steinen liegt, in den Buckelmulden Heu; so ausgetrockneten Hals, aber S. hustet von den paar Schwarzbeeren nicht, hinterkreuzchen ...

Stein   Buckelwiese

zu jener Unwirklichkeit, wie sie in Grausen versetzt den Schreiber der »Briefe eines Zurückgekehrten« (Hofmannsthal), welcher nach langer Abwesenheit von seinen deutschen Landen vor keinem einzigen Gegenstand da mehr dessen Existenz fühlt: Kein Krug wirkt mehr als Ding Krug, kein Tisch steht mehr da als Tisch; sämtliche Dinge in dem Gebiet Deutschland erscheinen dem Zurückgekehrten als »gegenstandslos«. Wie gegenständlich aber wurden dafür mir durch die Jahre, jedesmal, gleich beim wiederholten Überschreiten der Grenze, die Dinge in Slowenien: Sie entzogen sich nicht – wie das meiste inzwischen nicht bloß in Deutschland, sondern überall in der Westwelt –, sie gingen einem zur Hand. Ein Flußübergang ließ sich spüren als Brücke; eine Wasserfläche wurde zum See; der Gehende fühlte sich immer wieder von einem Hügelzug, einer Häuserreihe, einem Obstgarten begleitet, der Innehaltende dann von etwas ebenso Leibhaftigem umgeben, wobei das Gemeinsame all dieser Dinge die gewisse herzhafte Unscheinbarkeit gewesen ist, eine Allerwelt-

Steine lief unten ein Frau, von denen s. ab- 130
rutscht (sie sind unsichtbar)
wunderschöne lila Farbe des Felsens und Steine
auf dem Gebirgsweg
Auf dem mühseligen Weg Freundschaft (Acht-
samkeit) zu den Tieren (auch den (kleinsten))
Fahrrad stand der
Heuschuppen mit blendenden Blechdächern (plötzlich in der Ödnis)
In Nemški Rot im Vorbeigehen die Wasserrumpel
und daneben der Haufen dunkler zauberer Kleider,
ein kurzes Gefühl der Heiligkeit und der be-
wahrten Zeit
Was will er für sich? In Räume gelangen (nicht
eindringen) Zu Räumen kommen (die oft auch
erst durchs Bleiben entstehen)
Alte Frau, voll pathetischem Mitleid in der
Nacht, sie kriegte scharfe Gesichtszüge davon
wie denkenhaft (profilhaft)
Die Nacht voll von drängelnden Soldaten
In diesem Gasthof, T. in Farbe, und Gesamtbild
"Ein Verzeichnis der wissenswerten Bekannt-
machungen und Warnungen"   "Hotel Krn"

(Brotkorb) [Tolmein]
und daneben, aus Glas, ein
balausboden behälter, mit Füßen
drunter für Salz und P. ähnlich
in der Form wie der Fußabtreter von
Bistrica
die Frau steht vor der Tür, und wartet, bis ihr der
Mann (Soldat) über die Schulter greift und die
T. aufmacht
Raum: "Das Podium" (in Wirtshaussälen) →

haftigkeit: eben das Wirkliche, welches wie wohl nichts sonst jenes Zuhause-Gefühl des »Das ist es, jetzt bin ich endlich hier!« ermöglicht.

Über die Einzelheiten hinaus ist eine lange Zeit das ganze Land als solch ein Ding wirksam gewesen, als ein Land der Wirklichkeit, und wie mir schien, nicht allein für den Besucher, auch für die Ansässigen; wie sonst wären sie einem so ungleich wirklicher begegnet, in ihrer Art zu gehen, zu reden, zu schauen und vor allem zu übersehen, als die Völker jenseits seiner Grenzen, der italienischen ebenso wie der österreichischen? In dem Land Slowenien und bei den Slowenen habe ich mich in der Tat immer wieder als ein Gast der Wirklichkeit fühlen können, da beim Wein (des Karstes oder der Windischen Bühel), da beim Kirchturm (von Hrastovlje auf Istrien oder von Sveti Janez am Wocheiner See), da im Bus (von Tolmin nach Nova Gorica, von Ljubljana nach Novo Mesto, von Koper nach Divača), da im herzhaft kargen Gastzimmer von Most na Soči oder

Tolmein
Milchkaffee wie von viel
Wasser durchzogene Inseln
(islands in the stream)
"bela kava"
Morgen, 13.8.

2 sich kreuzende Ström[e]

Kommen bei immer mehr Leuten geht die
Stimme der Vorbeterin mehr und mehr
unter. Die Kinder vorn auf lehnenlosen Bänk[en]
wechselseitiges Aufstehen der zwei Beichtstuhl-
führer wo. der Messe; Schirme angehängt an
den Rand des Weihwasserbeckens; in der Sa-
kristei wird der P. von M. angezogen; der
Minister, im roten Gewand, tritt kurz in den
Altarraum und klackt ins die Mikrophon,
dann gingen die elektrischen Lampen an, und
die Messe begann.
"Jetzt bellt ihm schon das Wasser aus dem
Kanalloch entgegen."
Gemurmel und Wachsamm (u. Haare werfen
Die Spinne fällt langsam zu Boden und stellt
sich dann tot.
Im Hotel (Tolrijar) ein tatsächlicher "Wurlitzer"
(lila-gelb), man sieht die sich drehende Platte
glänzen vom Ende des großen Saales.
Als könnte ein unregelmäßiges Gesicht die
gleichmäßigen, auch gleichgültigen Signale

3. der Welt eben nicht gleichmäßig aufnehmen, an einer Stelle zu viel, an einer andern zu wenig, und so käme es zur Ver-
wissenheit und "Sendestörung" (die zu große Stirn-
fläche z. B. kriegt zu viel ab, die Wangenflächen
zu wenig, usw.)   "Hotel Nanos"
     | In diesem Wirtshaussaal | Idrija (13.8.)
     | T. als Reliefbüste an der Wand

                                              gelb
                                              lila
                                              ausrauchen; er
                                              "Wurzelkon-
                                              kurrenz in
                                              Felsspalten"
                                              (Gesellschaften)
                                              wärmerer
                                              schattig feuchter
                                              "Zurückziehen"
                                              sich schon die
                                              einer Irren-
                                              anstalt, und
    wegschauen; und alle Leute
    dann häßlich vor
    der vorbeigefahrenen Autos an den
    -halten; wie ein In-die-Hose-blasen,
    das sonst aufhört
    [allein] aus dem Brennpunkt geraten (Er
taumelt in den Ort.)
5 Dankbarkeit gegen die bereitliegenden
Dinge (Hotel); er spricht sie auch aus
 hat keine Verbündeten mehr, nicht einmal
 jemand will Hilfe von ihm

das Muffige des Zimmers
Gram. "gorêva": wir zwei brennen
"Milan, to ni dobro, to je belo olabô; ti nisi priden,
ti si len Sede!" Andrej pride k tabli in bere
dobro. Učitelj ga pohvali: "Ti si priden učenec!
Potem pojemo." (Dann singen wir!)
"Leitform" (Doline; nach Karren)
"Der Lichtschopf" (R.)
Die kleine Föhre auf der Karstwiese gibt mit
ihrem Rauschen das Gefühl von Ferne;
nun endlich glänzen wieder die Maisfelder im
Tal
Manchmal betet er fast schon, ohne Not, un-
willkürlich
"Steinbruch im Karst"
     (4.8.)

Vipava, da beim Sich-Öffnen der Ohren für das so dingnahe, so sanftmütige, so ungekünstelt-anmutige Slowenisch – auch das gab Wirklichkeit – allüberall im Land.

Daß dergleichen Erfahrungen auch meine Einbildung oder sogar überhaupt ein Trug sein könnten: Nicht erst die Vorfälle des Juni und Juli 1991 jetzt, von den Slowenen selbst teils mit Trauer, teils mit Stolz – eher mehr mit diesem – »vojna«, Krieg, genannt, gaben mir das zu bedenken. Hofmannsthals Brief-Erzählung von der Unwirklichkeit, oder Unvorhandenheit, oder Unbeschreiblichkeit der Dinge in den deutschen Räumen ist entstanden einige Jahre vor dem Ausbruch des Ersten Weltkriegs. Und ähnlich erging es, seit einiger Zeit schon, auch mir mit den zuvor so gegenwärtigen slowenischen Dingen, Landschaften, dem ganzen Land. Die Geschichtslosigkeit, welche jenes reine Gegenwärtigsein vielleicht ermöglicht hatte, war Schein gewesen (wenn auch ein fruchtbarer?); höchstens handelte es sich um eine kleine Pause in der Geschichte (oder unsrer unselig-ewigen Zwanghaftigkeit?). Slowenien gehörte für mich seit je zu dem großen Jugoslawien, das südlich der Karawanken begann und weit unten, zum Beispiel am Ohridsee bei den byzantinischen Kirchen und islamischen Moscheen vor Albanien oder in den makedonischen Ebenen vor Griechenland, endete. Und gerade die offensichtliche slowenische Eigenständigkeit, wie auch der anderen südslawischen Länder – Eigenständigkeit, die, so schien es, nie eine Eigenstaatlichkeit bräuchte –, trug in meinen Augen zu der selbstverständlichen großen Einheit bei. Diese bestand nicht nur geographisch, etwa im Karstkalk, der sich von dem Berg Trstelj nördlich von Triest hinab über die gesamte dinarische Platte zog, sondern auch, besonders, gerade, als historische. Zwei Daten in diesem Jahrhundert waren es, welche, glaubte ich, die so verschiedenen jugoslawischen Völker einigten und auf Dauer einighalten müßten: ihr eher ungezwungenes, für viele sogar enthusiastisches Zusammenfinden 1918, mit dem Ende des Habsburgerreichs, erstmals in einem eigenen Reich, wo die einzelnen Länder

139 gewaltigen Zementfuß, und im Rücken der
gute Mond (Cézana), und die edlen Sternbilder
~~Wega~~ und "Drache" (so sah ich es) (+ "milden")
Cassiopeia.

Er erwacht geheilt, mit den Umrissen der
Sternbilder (Erlebnis der Sterne)
Mond: "Hallo, Ihr!"

Vieles tut er *nur heimlich*, auch vor sich
selber (Wegwerfen eines Haarbüschels)
Der Glasschrank schüttert bei jedem Gehen im
Vorderzimmer ("sobe"), als würde eine Schotterladung
von einem Lastwagen gekippt

Er sang stumm

Solange habe ich keine Kultur, als
ich nicht FREI AUSRUFEN kann (Solange
habe ich keine Kultur, als ich nicht klagen
kann; nur mich beklagen usw.) [13.8.78]
(und solange ich mich nicht "gut genug" für ...
überzeugt habe; z.B. nur, daß in den Salinen
auch Heu angebaut wird)

Steh wie ein Mexikaner ... auf dem
Klavier ... Flagen!
der besonnte Tisch im Wohnraum (von Dutovlje)
→ Schatten   Strichlider
                                              in der
                                              Sonne
                                              Konturen
                                              → viel
→ Sonne   schär-
                                                fer
                                              → Fen-
                                              ster-
                                              schat.

keine schattenhaften Kolonien mehr, die einzelnen Sprachen kein Sklavengemunkel mehr zu sein bräuchten; und im Zweiten Weltkrieg dann der gemeinschaftliche Kampf der Völker Jugoslawiens, auch der unterschiedlichen Parteien und der einander widersprechenden Weltanschauungen – ausgenommen fast nur die kroatischen Ustascha-Faschisten –, gegen das Großdeutschland.
(Immer wieder habe ich in den slowenischen Dörfern die kleinen Gruppen der alten Männer als Zeugen einer ganz andern als unsrer, der deutschen und österreichischen Geschichte, eben der des großen widerständischen Jugoslawien gesehen und dieses, ich kann's nicht anders sagen, um seine Geschichte beneidet.)
In den vergangenen Jahren jedoch, so oft ich nach Slowenien kam, wurde dort, zuletzt mehr und mehr, eine neue Geschichte verbreitet. Neu? Es war die altväterische, aber mit der Zeit neu gewendete Sage von »Mitteleuropa«. Und diese, anders als die der schweigsamen Veteranen, hatte statt der spo-

149 Der Fremde: Das Gefühl des Verschlusses mit der Zeit, auch vor sich selber; die Stirn eine Mauer, hinter die er nicht kommen kann, die NICHTIGKEIT (F.-E.!); ein schweres Ding vor sich, dahinter nichts
In der Entfernung glaubt er, die Fremde spräche doch immer als die eigene, sogar den eigenen Dialekt zu hören
"Heute noch kein freier Aufruf"
Er war einmal ewig gewesen (sekomaj)
Jetzt war er manchmal froh
In diesen riesigen Gasträumen die aus den Gesundheitsschuhen leuchtenden Fersen der Kellnerinnen

von hinten   Weiß!   beim Kassieren legt sie N. Gorica
                        ein Bein auf einen Stuhl 16.8.
              Weiß!   (Weiß!?)

Stirn gegen Holz, Holz gegen Stirn; die Stirn des Fremden öffnet sich, verschwindet, sacht
"Gerecht bin ich immer erst am nächsten Tag"
Eislutschende Kinder steigen in den Bus. Das Gefühl, sie werden an der nächsten Haltestelle schon aussteigen (als seien sie mit dem Einstiegsort schon vertraut, es ist schon nach ihrer Art)
Er fand die Ruhe wieder in der Fortbewegung, und das Gras glitt vorbei
Sein Bein fiel vom Stuhl wie ein Dreckbatzen
Sie schloß vorwitzig die Augen (als man sie anschaute)
"Er saß doch am Tisch, als wollte er gar nichts bestellen, sondern nur ausruhen"
Die Wartenden kriegten die traurig würdigen Gesichter von dem Volk

radischen Erzähler gruppenweise Sprecher, mehr und weniger lautstarke. Oder so: Auch hier, zur Geschichte Mitteleuropa, hatte es zunächst die Erzähler gegeben, und deren Stelle nahmen inzwischen fast ausschließlich die Sprecher ein; oder: Die ursprünglichen Erzähler selber, manchmal meine Freunde, hatten, zur Unkenntlichkeit verändert, die Rolle von Sprechern eingenommen. Und dieses historisierende Sprechertum vor allem, verlautbart aus vielen Münden, in Zeitungen, Monatsschriften, bei Symposien, war es wohl, das dem Gast Sloweniens die Landesdinge jedesmal stärker entrückte in die erwähnte Unwirklichkeit, Ungreifbarkeit, Ungegenwärtigkeit.

Nicht, daß etwa Slowenien für mich vorher, politisch gesehen, »der Osten« gewesen wäre. Und es lag mir auch nie, mochte das zwar der Himmelsrichtung nach stimmen, im Süden; es war, anders als Italien, kein Südland (aber auch in Kroatien, in Serbien, in Montenegro fühlte ich mich keinmal »im Süden«). Und ebenso nicht, obwohl unsere österreichischen Grenzwacht-Zeitungen das

155 Zwei Libellen als "Paarungsrad"
Bild 2er Eidechsen, einander gegenüber hockend: er nickt
zu den beiden Himmelskörpern [gestern]
Steine als Ziegel, voll von Tauben: sitzen da
wie auf einer Landschaft, auf einem Häusacker
(6-eckiges Haus) schräge Steinmauer (sehr schön): in den
Himmel ansteigend
In den Linden ein 2×es Geräusch: das Rauschen
der Blätter und das Knistern der Blüten
Zerbrochene Ziegel am Boden um die alte
Kirche (Škocjan)
Glänzend glatte Steine des Weges, der zur Höhle
führte (Scharen)
Die Decke der Höhle wie umgedrehtes Gebirge,
Dolomiten (fahles Hochgebirge)
Als ob man auch einem Ort Unrecht tun könnte
Schreie eines Mannes in sonst völlig stillem
Dorfmittag (und tags zuvor der schmerzschreiende
Mann auf der Bank der ländlichen Straße)
Milost = Gnade
Mit Schlenkern steigen die Schornsteine in die
Höhe der Brücke (Šoštanj?) hinauf (Fabrikschlote)
Schönster Moment: Heute sah ich nichts, außer: gehe nur
noch
Er meinte: Ich meine ...

25

ihren Lesern, zumindest vor dem Umschwung der letzten Jahre, gleichsam auf Dauer weiszumachen versuchten, begann in Jesenice, in Dravograd oder in Murska Sobota bereits »der Balkan«. Aber welch erwachsener Leser verbindet heutzutage überhaupt noch etwas Wirkliches mit solch einem Wort?
Nirgends in Bosnien und der Herzegowina, auch nicht im Kosovo, zu Fuß unterwegs, in Bussen und Zügen, kam mir jemals dieses blödsinnige Schlägerwort in den Sinn, geschweige denn über die Lippen; ginge es um dergleichen Parolen, müßte man zum Beispiel die serbischen Intellektuellen aus Beograd geradezu als die Zwillinge ihrer Kollegen in Paris oder New York bezeichnen, so telepathisch sind sie mit diesen verbunden in der jeweiligen Theorie des Tages, ob es nun jene der »Schnelligkeit« oder der »Chaos-Forschung« ist, und wenn ich meinem werten Genossen und Übersetzer Zarko Radakovič – Novi Sad/Beograd/Tübingen/Köln/Seattle – beiläufig erzähle, ich sei zu Fuß den Oberlauf der Soča (des Isonzo) entlangge-

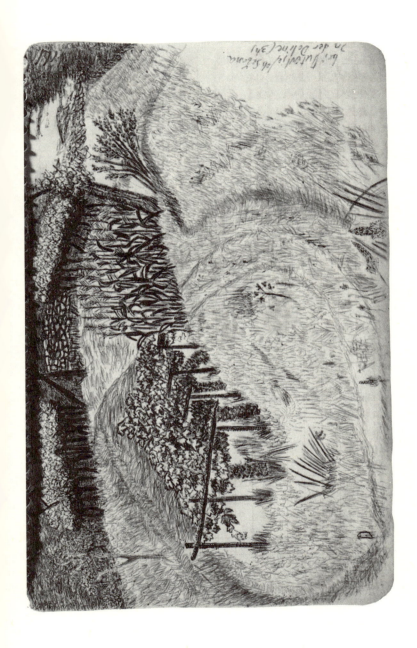

gangen, wird er mir im Handumdrehen seine neue groß- und kleinserbische Theorie »Vom Wandern an Flüssen« auftischen und dazu auch schon eine internationale Anthologie — Beiträger George Steiner, Jean Baudrillard, Reinhold Messner — vorbereiten. Wie traurig, und auch empörend, wenn jemand wie Milan Kundera noch heute, vor ein paar Wochen, in einem von *Le Monde* veröffentlichten Aufruf zur »Rettung Sloweniens« dieses, zusammen mit Kroatien, vom serbischen »Balkan« abgrenzt und es blind jenem gespenstischen »Zentraleuropa« zuschlägt, dessen kaiserliche Herren doch einst auch sein slawisches Tschechisch, aus dem Jan Skácel von Brno später dann die zartesten Gedichtpsalmen des 20. Jahrhunderts schöpfte, als barbarisches Kauderwelsch abtun wollten!

Nein, Slowenien in Jugoslawien, und *mit* Jugoslawien, du warst deinem Gast nicht Osten, nicht Süden, geschweige denn balkanesisch; bedeutetest vielmehr etwas Drittes, oder »Neuntes«, Unbenennbares, dafür aber Märchenwirkliches, durch dein mit jedem

Schritt – Slowenien, meine Geh-Heimat – greifbares Eigendasein, so wunderbar wirklich auch, wie ich es ja mit den Augen erlebte, gerade im Verband des dich umgebenden und zugleich durchdringenden – dir entsprechenden! – Geschichtsgebildes, des großen Jugoslawien.

Und nun wich das urslowenische Märchen vom Neunten Land Jahr für Jahr mehr zurück vor dem Gespenstergerede von einem Mitteleuropa. Solch Gespenst geisterte zwar auch jenseits der nächsten Grenzen, zog da freilich – von den edlen Hintergedanken der Alt-Wiener, -Steirer und -Kärntner einmal zu schweigen – eher gleichsam an einem »Heimdreh«-Strang: so wie die österreichische Redensart von den Selbstmördern besagte, sie drehten sich, mit dem Strick, »heim«, so schienen auch diese und jene italienischen Friulaner oder Triestiner, mit ihren Festfeiern jährlich zum hundertsoundsovielten Geburtstag des Kaisers Franz Joseph, ihre wirklichen Lebensträume »heimzudrehen« (oder war das vielleicht bloß ein ironischer Ersatz für etwas in Wahrheit

längst Ausgeträumtes?). Im Lande Slowenien jedoch griff das Gespenst ein in die Wirklichkeit. Und die mit ihm durch die Landschaft zogen, das waren keine Altvordern oder Weinwinkelexistenzen, sondern was man üblich »helle Köpfe«, »die Nachdenklichen«, »die Stillen« nennt; Wissenschaftler, Poeten, Maler.
Einmal im Jahr trafen sich zum Beispiel, etwa von der Mitte des letzten Jahrzehnts an, solche auf der slowenischen Karsthochfläche in Lipica, zuerst vor allem um der Kunst und des schönen Drumherumredens (und Herumsitzens) willen. Doch von Jahr zu Jahr mehr verflüchtigte sich das ursprüngliche Einander-Vorlesen usw. zu einem raschen, hundertköpfigen Defilée, in dem es unmöglich wurde, ein Ohr zu haben für auch nur ein einziges Gedicht, und die Mitte der Veranstaltung nahm ein das dazu passende Gespenst, in dessen Bann, im Scheinwerferlicht, vor Mikrophonen, simultan gedolmetscht für die ungarischen, polnischen, sorbischen (immer seltener serbischen), dann auch schon litauischen, niedersächsischen,

Frankfurter, Pariser, Mailänder Tagungsteilnehmer, meine slowenischen Vorjahresfreunde die Sonorität von Rundfunksprechern, das Brauenzucken von Fernsehkommentatoren, das hintersinnige Mienenspiel von Politikern nach großen Entscheidungen annahmen (erst abends beim Wein erkannte ich sie als die einzelnen wieder – und immer häufiger nicht einmal dort).

Das begann einige Jahre nach dem Tod Titos, und es kommt mir jetzt vor, eine große Zahl, jedenfalls die Mehrheit, innerhalb der nördlichen Völker Jugoslawiens, habe sich den Zerfall ihres Staates von außen einreden lassen.

Noch im nachhinein bleibt es frecher Unsinn, wenn der mit Informationen prunkende, dabei großmäulig-ahnungslose »Spiegel« in seiner Titelstory Jugoslawien ein »Völkergefängnis«! heißt, und wenn die Finstermännerriege der deutschen »Frankfurter Allgemeinen« einen ihrer erfahrungslosen Maulhelden von der Kärntner Grenze reportieren läßt, die deutschen Österreicher dort hätten mit ihrer slowenischen Minderheit immer in

gutem Einvernehmen gelebt – eine schlimmere Travestierung des im Land der Drau seit sieben Jahrzehnten geschehenen und immer weitergehenden Sprach- wie Identitätsraubzugs gegen das eingesessene Slowenenvolk, mit Großdeutschland als dem Meisterbanditen, könnte höchstens noch das entsprechende Weltblatt vom Planeten Mars erfinden. Nein, eine persönliche Erfahrung war das Auseinanderfallen des sogenannten »Tito-Reichs« offensichtlich für keinen einzigen Slowenen – jedenfalls ist mir, so wie ich auch nachforschte, keinmal einer begegnet; was ich hörte, empfand ich als Nachgeplapper. Längst war der Kommunismus fast nur noch Legende. Die Praxis in Slowenien, sowohl in der Kultur wie auch, vor allem, in der Wirtschaft, war liberal. Nur mit Zorn und Widerwillen konnte ich aufnehmen, wie jüngst die westlichen Medien einen Typen als Helden hinstellten, der in Ljubljana herumsaß mit einem Schild »Das Leben gebe ich her, nicht aber die Freiheit«. Die Slowenen waren frei wie ich und du, innerhalb der Gesetze, die schon lange nicht mehr ausgelegt

wurden als die eines autoritären Staates (mit Ausnahmen, wie auch »bei uns«); gewerbefrei, wohnsitzfrei, schrift- und redefrei. Und das Unrecht der serbischen Führung, das faktische Entziehen der Autonomie des vor allem albanischen Kosovo, war da noch lang nicht geschehen.
Ein slowenischer Bekannter sagte mir dazu gerade, was das serbische Parlament vor eineinhalb Jahren mit der Region von Pristina angerichtet habe, sei »der Anfang« gewesen, und daher, um dem weiteren zuvorzukommen, die Gründung des Staates Slowenien. Aber genügt schon, von einer (1) Völkerrechtswidrigkeit zu sagen: »Das war nur der Anfang«, um selbst eine Vertragsverletzung – und so sehe ich das eigenmächtige Abstimmen und Befinden über einen Austritt aus einem doch von den jugoslawischen Völkern gemeinsam beschlossenen Bundesstaat – zu begehen? Und die, entsprechend der Bevölkerungszahl, serbische Übermacht in dem Staatsapparat Jugoslawien hat die kleine slowenische Teilrepublik zwar vielleicht hier und da schikaniert oder übervorteilt oder

blinkende Zöpfen in den Langhaaren
pinnen (Peter). Bohnengärten und Wein
auf dem vagen Terrain vor den [Bauern]
häusern, gelbe Rosen (N.G.)
Frau mit Blumenstrauß, nach unten, sie
hält einen Hasen an den Läufen
der Vogel gestern, der aus dem [Felsen?]
Abgrund aufstürzte und eine
[einzelne] Feder hinterließ
Schon, schon die Leitern in den Obstbäumen
(→ Herbst, jetzt)
Lehrer: die Kinder stark sein lassen
wie ich gerade den Kirchturm von
Bramt (stark die Kinder sein lassen)
Tomaj: die beiden Linden vor der
Kirche
Bauernhof: die Arbeitsgeräte im
Weinblattschatten
die zwei Säulen am Aufgang (Stein-
treppe) zur Kirche
der tiefe offene Brunnen
Und endlich kann ich auch grüßen
("Dober dan" - Ulli Hay; gerade, als
ich das Wort schrieb, ertönten die
Glocken), die große dunkle Glocke im
hellen Kirchturm vor dem tiefen
Himmelsblau, schwingend wie

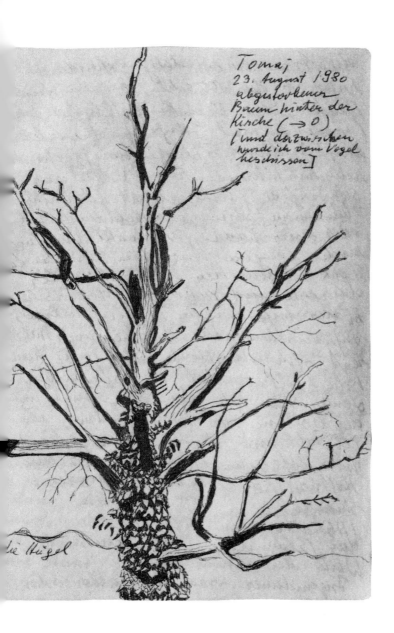

niedergeredet, aber doch, jedenfalls nicht daß ich wüßte, keinmal in der Geschichte nach dem Zweiten Weltkrieg gegen sie einen solchen Völkerrechtsbruch gesetzt, der es Slowenien erlaubte, von sich aus, wie es geschah, den historischen Staatsvertrag für nichtig geworden zu erklären. Ein andrer slowenischer Bekannter gab dazu sogar an, es sei im Land unerträglich geworden, daß in der jugoslawischen Armee nur Serbisch und nicht auch Slowenisch »Befehlssprache« sein könne.

Nein, das zunehmende Wegdriften so vieler Slowenen von ihrem großen Jugoslawien, »hin zu Mitteleuropa«, oder »zu Europa«, oder »zum Westen«, nahm ich lange als bloße Laune. So hörte ich immer öfter, und jedesmal seltsamer berührt, von Bekannten, aber auch von Wildfremden, auf den Straßen und Brücken von Ljubljana oder Maribor, wo die Flüsse wie je auf die Donau in Beograd zuströmten, Slowenen und Kroaten sollten an den Südgrenzen eine »Mauer« gegen die Serben, die »Bosniaken« usw. errichten, höher noch als die in Berlin – es gab diese da noch –, »zwei Stockwerke hoch!« Und wenn ich nach den Gründen fragte, beschlich es mich dumm-bekannt bei: »Die unten arbeiten nicht – die im Süden sind faul – nehmen uns im Norden die Wohnungen weg – wir arbeiten, und sie essen.« Ein weniges davon mag verständlich sein, vielleicht, nicht aber in dieser Form; denn kein Besinnungswort fiel von der so viel günstigeren Transport- und Handelslage, dem fruchtbaren Boden. Ganz gewiß freilich gab es ein zunehmendes Ungleichmaß im Tragen der Staatslasten, zwischen Nord und Süd, wie auch wohl anderswo. Nur: wie konnte das als Anlaß gelten, sich launenhaft, eilfertig und trotzig-dünkelhaft loszusagen von dem immer noch weiträumigen Himmel über einem trotz allem wohlbegründeten Jugoslawien? Anlaß, oder gar bloße Ausrede?

Denn nichts, gar nichts, drängte bis dahin in der Geschichte des slowenischen Lands zu einem Staat-Werden. Nie, niemals hatte das slowenische Volk so etwas wie einen Staatentraum. Und der slowenische Staat, jeden-

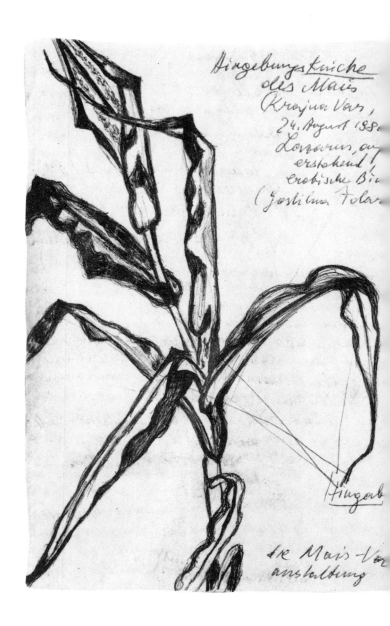

die Rauchschwalben, das Taubenge-
wrren
Mein ganzes Wesen verstummt und
wacht" (das ist hier möglich, und
es ist es auch; Rauschen des Blät-
ts in der Stille / Pliskovica)
Pliskovica stehen zwei Federn vor der
Kirche (vor zwei Jahren die Hornisse am
Tor); dunekler Gebäude mit verwit-
ter Schrift: "Scuola Elementare"
it weg in der Wildnis der Morechia
h immer wieder die Kirchtürme
or der Schule eine alte Linde, in
der Wind ganz anders ist (nah) als
den beiden Federn —; ich sehe mich
schen die Wurzeln und lausche (Ge-
hl des AUFTRAGS) in der No-Ferne
schen zwei Kampfhähnen? blauer Nannos,
el blauer Himmel XXX alte Frau und
ol schen Hosen, die Frau mit einer
gen-farbenen Reinigung mittel in der
und
Horis
chi
komm "He
vom")

"stara lipa"
vor der
Kirche von
Pliskovice
abgestorben ist

falls bis zur Gewalt der Armeepanzer und -bomber, hatte, aus sich selbst, nicht das Licht einer Idee (Jugoslawien hatte es). Und kann jetzt aus der Gewalt und dem Widerstand allein eine solche Idee wachsen, lebenskräftig auf Dauer? Ich frage: Ist es möglich, nein, notwendig, für ein Land und ein Volk, heutzutage, unvermittelt, sich zum Staatsgebilde zu erklären (samt Maschinerie Wappen, Fahnen, Feiertag, Grenzschranken), wenn es dazu nicht *aus eigenem* gekommen ist, sondern ausschließlich als Reaktion *gegen* etwas, und dazu etwas von *außen*, und dazu noch etwas zwar manchmal Ärgerliches oder Lästiges, nicht tatsächlich Bedrängendes oder gar Himmelschreiendes? (Das letztere, ob erfahren oder erlitten durch die Herrschaft erst von Österreichern, dann Deutschen, war es ja, was dem Staat Jugoslawien sein Pathos und seine Legitimität gab, und auch jetzt weiterhin geben sollte.)

Slovenski narod, narod trplenja – »slowenisches Volk, Volk des Leidens« –, so hieß es mit Recht bis zum Ende des Zweiten Weltkriegs.

Dergleichen jedoch durfte danach kein Slowene im Verband Jugoslawiens von seinem Volk mehr denken. Ist das die Neumoderne: Staatengründung aus bloßem Egoismus, oder eben aus purer und wenn auch noch so verständlicher schlechter Laune gegenüber dem Bruderland? (Nein, nicht »Cousins«, wie man gesagt hat, sondern in der Tat »Brüder«.) Hat das slowenische Volk sich das Staat-Spielen nicht bloß *ein*reden lassen – welch kindliches Volk, welch kindischer Staat –, wozu es dann auch keine Begründungen geben kann, nur *Aus*reden, selbst den, in diesem Fall besonders blödsinnigen Slogan »Small is beautiful«? Weist nicht auch darauf hin, daß auf das Ernstmachen des Spiels, die Staatsausrufung, die Bevölkerung weit eher mit Mulmigkeit reagierte als mit Begeisterung?
Diese dagegen, und ich habe das auf meinen Wegen immer wieder gesehen, herrschte und dauerte, wenigstens ein paar Jahre nach Titos Tod, für den Staat Jugoslawien. Und es war keine Ideologie mehr, die das bewirkte, kein Titoismus, kein Partisanen- oder Vete-

ranentum. Es war besonders der Enthusiasmus der Jungen, aus den verschiedenen Völkern; am stärksten sichtbar, wo sie, in gleichwelchem Land, miteinander zusammentrafen. Und jene Gemeinsamkeit erschien dem Festgast nirgends als ein zwanghaftes Reihenschließen, Zusammenrücken von Verschwörern oder als Ball in einem Waisenhaus: sie wirkte natürlich, »selbstredend«, offen nach allen Himmelsrichtungen; wenn jene Zusammenkünfte etwas von Schlußfeiern hatten, dann allein, indem sie einen darauffolgenden Aufbruch bezeichneten, eines jeden in dem Reigen auf seine eigene Weise. Damals geschah es, daß ich diese slowenischen, serbischen, kroatischen, makedonischen, herzegowinischen Studenten, Arbeiter, Sportler, Tänzer, Sänger, Liebhaber – ein jeder dünkte mich als das alles in einem – um ihre Jugend herzlich beneidete, und damals war es auch, daß Jugoslawien mir das wirklichste Land in Europa bedeutete. Episode. Aber es ist mir unvorstellbar, daß diese für die seinerzeit im Zeichen einer Gemeinsamkeit Aufgebrochenen, auch wenn sie im Augenblick einzeln, für sich, hinter die jeweiligen Grenzhecken postiert sind, inzwischen so mir nichts, dir nichts unwirklich, ungültig, nichtig geworden ist.

Ja, die neuen Grenzen in Jugoslawien: Ich sehe sie, statt nach außen, viel mehr, bei jedem der jetzigen Einzelstaaten, nach innen wachsen, hinein ins jeweilige Landesinnere; wachsen als Unwirklichkeitsstreifen oder -gürtel; hineinwachsen zur Mitte, bis es bald kein Land, weder slowenisch, noch kroatisch, mehr gibt, ähnlich wie im Fall Monte Carlo oder Andorra. Ja, ich fürchte, eines Tages in der »Republik Slowenien« kein Land mehr schmecken zu können, wie in Andorra, wo die kreuz und quer in die Pyrenäenfelsen gesprengten Geschäftsstraßen noch das letzte Stück Weite – dicht auf dicht eingegrenzt von gleichsam aus Manhattan als Verlängerung der Park- oder der Fifth Avenue in das Gebirge betoninjizierten Waren- und Bankmeilen –, und schon seit langem jeden Geschmack von Land, Gegend, Raum, Ort und Wirklichkeit erstickt haben;

statt des Anhauchs der Kultur der Schwefel und Schwafel einer längst entseelten Folklore.

Freilich wird hier und dort gesagt, der Staat Slowenien sei nur ein Stadium auf dem Weg zu einem ganz anderen, erneuerten Jugoslawien. Aber wer sind die in dem Land, eine Tatsache, welche unter dem Namen »Unabhängigkeit« oder »Freiheit« umläuft, wieder rückgängig zu machen? Tatsache, unverrückbar erscheinend durch die zwei zusätzlichen Bleigewichte, einmal der Panzer und Bomben auf der einen Seite – nie werden die wohl aus den Sinnen der Slowenen, vor allem der Kinder von 1991, gehen –, und als zweites dann das Verhalten der slowenischen Grenzschützer, von denen unselig viele, anders, ja, als ihre plötzlich gegen sie kriegspielenmüssenden Altersgenossen (oder waren diese nicht eher um einiges jünger?), so sehe ich das, im Handumdrehen bereit zum Töten waren: nicht bloß die so unterschiedlichen Zahlen der Umgekommenen auf den beiden Seiten sagen das, sondern auch die Bilder, etwa das der mit einer weißen Fahne aus einem umzingelten Grenzerhaus tretenden Bundessoldaten, von Unsichtbaren auf der Stelle umgeschossen, oder vom Strahlen eines Heimwehrmanns, wie er, laut dem mit ihm mitstrahlenden österreichischen Tagblatt, von seinem »ersten Toten, einem 18jährigen Makedonier«, erzählt – auch das, das blindwütige Killen, samt gebleckten Killermienen, wie soll es dem, der es mit Augen gesehen hat, je aus dem Sinn gehen? Hat jenes Jugoslawien, welches doch mit dem Zweiten Weltkrieg dem entkommen zu sein schien, was man »Fluch der Geschichte« nennt, nun seinen speziellen Fluch?

Ein Schimmer Hoffnung, zugleich zum Lachen – so als gehörten Hoffnung und Lachhaftigkeit in diesem Fall zusammen –, kam mir vor kurzem beim Gehen in Paris mit einem slowenischen Wegkumpanen, wie er da, obwohl traurig einverstanden mit der Umwälzung in seinem Land, die ihm aus der Armeezeit bekannte serbische Befehlssprache ins Slowenische zu übertragen versuchte. Es gelang ihm nicht. Was im ersten Idiom sofort geläufig und selbstverständlich aus ihm schallte, trompetete, knarrte, zischte, peitschte, schnellte, verlor in seinem angeborenen jeden Rhythmus, sträubte sich gegen das Laut-Werden, bog sich, gleichsam instinktiv, wie bei Kafka die Kinder, die »unter dem Wind« laufen, weg von der Aufgerecktheit, kam mit jeder Silbe aus dem Marschtritt, wich aus vor dem Marschblasen, bauschte und buchtete sich zur Melodie, bis der Sprecher seine slowenischen Befehlsversuche schließlich belustigt-schicksalsergeben abbrach.

Es war dasselbe grauhaarige Kind Sloweniens, das, vor zwei Wochen noch, im heimatlichen Vipava-Tal, an der Hand seine 10jährige Nichte, Ohrenzeuge des Bombengetöses auf den heiligen Berg Nanos, mir dann erzählte: »In der ganzen bisherigen slowenischen Geschichte war stets nur die Mutter da. Unser Vater hat immer geschlafen. Innen im Berg, du weißt schon. Ist höchstens kurz aufgetaucht, wie ein Traumwandler, gestern hier, morgen dort, du weißt schon, König des Neunten Lands, und gleich wieder verschwunden. Jetzt ist der Vater aufgewacht.« Und der Erzähler hob an zu kichern, und kicherte weiter, während seines gesamten Heimwegs auf der *Avenue du Général Leclerc*, weniger und weniger slowenisches Kind, mehr und mehr dort landesüblicher Kobold: »Aber ob das je seiner Kinder Wunsch war?«

Peter Handke
Versuch über die Müdigkeit

1989. 39. Tausend 1990
80 S. Ln.

»Ein strenger und entspannter ›Versuch über die Müdigkeit‹. In seiner Entwicklungslogik übertrifft er alle Autoren seiner Generation, das wird jetzt Ende der achtziger Jahre klar, wenn man zurückblickt auf die wütenden Sprachspiele und Konventionszertrümmerungsetüden des jungen Handke, auf die erzählenden Selbsterforschungsversuche der siebziger Jahre und die dann aus ihnen herauswachsenden Entwürfe einer wieder erzählbaren, friedfertigen, menschenwürdigen Welt aus Sprache.«
Reinhard Baumgart, Die Zeit

»Der Müdigkeits-Essay ist grandios, ist filigranste Prosa, weil der Meister der leisen Töne zu einer Melodie gefunden hat, wie wir sie noch nicht gehört haben.«
Volker Wieckhorst,
Deutsches Allgemeines Sonntagsblatt

Peter Handke
Versuch über die Jukebox
Erzählung

1990. 35. Tausend 1990
140 S. Ln.

»August 1990. Deutschland auf den Durststrecken der Ebene, nach all den hochfliegenden Euphorien vom Herbst 1989: Da kommt dieses kleine, abseitige Buch gerade recht, diese großartige, ins Zentrum der Erinnerung führende Erzählung.
›Versuch über die Jukebox‹. Unter all den Nebenwerken und Nebenbei-Büchern, den Splittern und Bruchstücken, aus denen sich die deutsche Literatur seit einiger Zeit vornehmlich – und höchst achtbar – zusammenfügt, zählt dieses Werk zum Glänzendsten und Bewegendsten. Seine Selbstbescheidung, die Programm ist und Provokation, macht es zu einem jener raren Prosastücke, bei denen der Leser, der sich nicht lieber durch dicke Schmöker (von sich) ablenken läßt, ganz – wie Proust es gesagt hat – zum Leser seiner selbst wird. Nichts Besseres läßt sich von einem Stück Literatur sagen, und sei es noch so ›kleinwinzig‹.« *Volker Hage, Die Zeit*

Peter Handke
Versuch über den geglückten Tag
91 Seiten, 35. Tausend 1991

»Die Dinge im Wort zu halten, Gesehenes ohne Zwang zu bewahren, Gehörtes so weiterzugeben, daß es nachklingen kann – darin ist Handke unvergleichlich. Glück im ›Unglück‹ . . . Mit einer Metapher, einem ironischen Bild zu sprechen, das er an unauffälliger Stelle einmal einrückt: das Buch, das irgendwo vergessen wird, liegengelassen bleibt, setzt sich im Leser auf andere Weise fort.
Genau so.«   *Martin Meyer, Neue Zürcher Zeitung*